Impressum
Verlag: BABADADA GmbH, Nedderfeld 112 , 22529 Hamburg
Geschäftsführer / Verlagsleitung: Harald Hof
Druck: Books on Demand GmbH, In de Tarpen 42, 22848 Norderstedt

Imprint
Publisher: BABADADA GmbH, Nedderfeld 112 , 22529 Hamburg, Germany
Managing Director / Publishing direction: Harald Hof
Print: Books on Demand GmbH, In de Tarpen 42, 22848 Norderstedt

دبستان

colegio

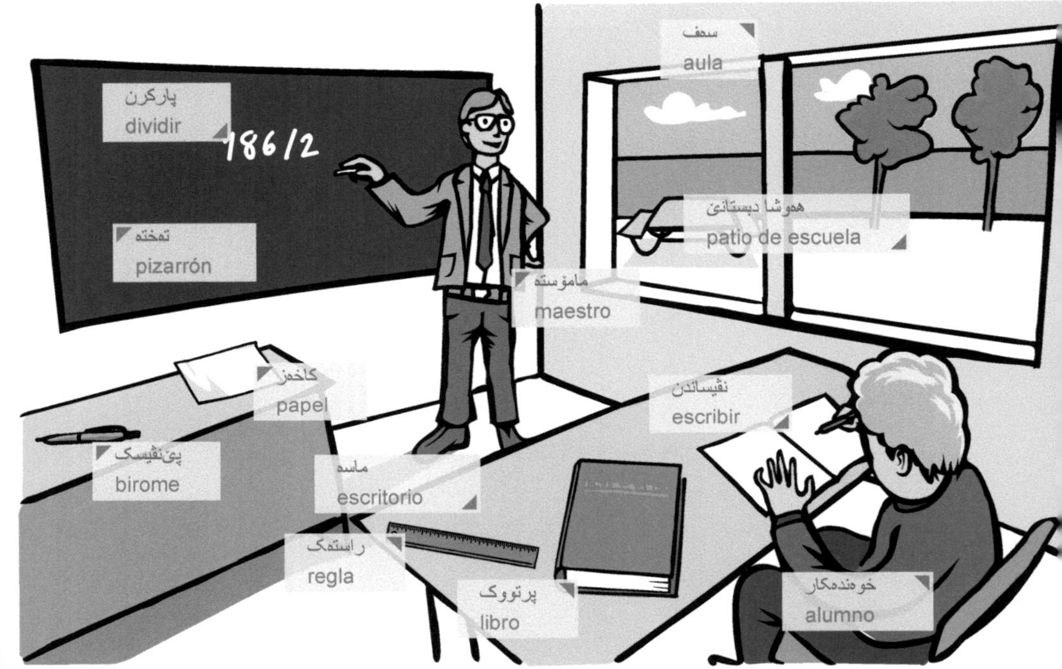

سحف
aula
پارکرن
dividir
186/2
تەختە
pizarrón
هەوشا دبستانێ
patio de escuela
مامۆستە
maestro
کاخەز
papel
نڤیساندن
escribir
پێنڤیسک
birome
ماسە
escritorio
راستەک
regla
پرتووک
libro
خوەندەکار
alumno

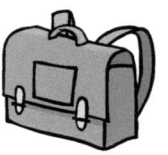

چەوال
....
mochila

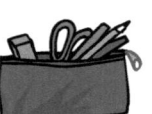

قووتی نڤیستۆک
....
caja de lápices

قەلەمرساس
....
lápiz

نڤیستوک تووژکر
....
sacapuntas

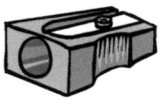

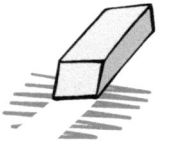

ژێبر
....
goma (de borrar)

نڤیسکا نیگارێ
....
bloc de dibujo

نیگار

dibujo

فرچەیا رەنگێن

pincel

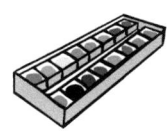

قوتوتی رەنگ

caja de pinturas

مەقەس

tijera

لەزاق

pegamento

پەرتووکا قێرنەبوون

cuaderno de ejercicios

وەزیفا مالێن

tarea

هەژمار

número

زێدەمکرن

sumar

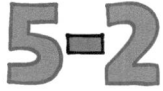

دەرەخستن

restar

زێدەمکرن

multiplicar

هەسباندن

calcular

تیپ

letra

نالفابە

abecedario

پەیڤ

palabra

نووسین

texto

خوێندن

leer

گەچ

tiza

دەرس

lección

قەمیدکرن

cuaderno de clase

ئیمتیهان

examen

شەهاده

certificado

کنجا دبستانێ

uniforme escolar

پەروەردەهی

educación

زانستنامه

enciclopedia

زانینگە

universidad

میکرۆسکووپ

microscopio

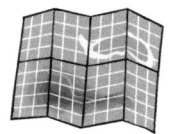

خەریتە

mapa

سەپەتا کاخەزێ

tacho (de basura)

مێوفانخانه
hotel

مێوفانخانه
hostel

ئۆفیسا پهره قمگوهارتنئ
casa de cambio

جدنته
valija

ماشین
auto

زمان
idioma

بهلئ / نا
sí / no

باش
Está bien

سلاڤ
hola

ومرگێڕا نڤیسکی
traductor

سپاس
Gracias

بهايێ ... چ قاسده؟

¿cuánto cuesta...?

نەزى فام ناكم

No entiendo

ناراێنشه

problema

ئێڤاربا‌ش!

¡Buenas tardes!

سپێدى با‌ش!

¡Buenos días!

شەڤ باش!

¡Buenas noches!

خاترى تە

adiós

ئالى

dirección

هوورموور

equipaje

چەنتە

bolso

چەنتە پشت

mochila

مێڤان

invitado

نۆده

habitación

جامه خەو

bolsa de dormir

چادر

carpa

ناگاگیرێن گەرۆکان

información turística

رەخنێ ئاڤێ

playa

کارتێ قەرزێ

tarjeta de crédito

تاشتێ

desayuno

فراڤین

almuerzo

شیڤ

cena

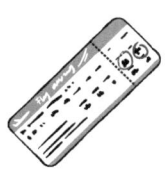

کارت

pasaje

ئاسانسۆر

ascensor

پوول

sello

تخووب

frontera

گۆمرک

aduana

بالیۆزخانه

embajada

ڤیزا

visa

پاساپۆرت

pasaporte

transporte

فرۆکه
avión

گەمى
barco

نەرمبه ناگرکووژ
autobomba

كامیۆن
camión

نۆتۆبووس
colectivo

پاپۆرا ماتۆرى
lancha a motor

دوچرخه
bicicleta

ماشین
auto

پاپۆر
ferry

پاپۆر
bote

مۆتۆرسیکلئت
moto

تەرمبئلا پۆلیسئ
patrullero

تەرمبئلا پێشبازیی
auto de carreras

نەرمبه کرێیکرئن
auto de alquiler

ماشین بەرقەمكرن

alquiler de autos

كامیۆنا كشاندنئ

grúa

كامیۆنا خولمی

camión de basura

مۆتۆرسیكلیت

motor

مازۆت

nafta

ئیستەگەها بەنزینی

estación de servicio

تابلۆیا ترافیكئ

señal de tránsito

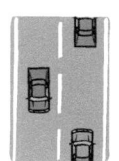

هاتنووچوون

tránsito

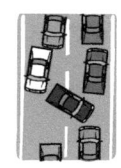

ترافیك

embotellamiento

جهئ پاركئ

estacionamiento

راوەستەمكا ترێنئ

estación de tren

رێچ

vías

ترێن

tren

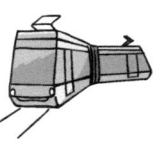

ترێنئ كۆلانئ

tranvía

ئەرەبە

vagón

بابرۆک

helicóptero

بالافرگە

aeropuerto

برج

torre

مسافر

pasajero

قووتی

contenedor

قووتی

caja de cartón

گرگرۆک

carretilla

سەلک

canasta

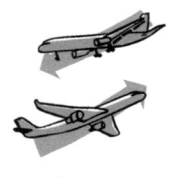

رابوون / نیشتن

despegar / aterrizar

باژار

ciudad

گوند

pueblo

ناوەندا باژارێ

centro de ciudad

خانی

casa

كۆخ
cabaña

تەلارا شارەڤانى
municipalidad

خانى
departamento

مووزەخانە
museo

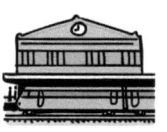

راوەستەكا ترێنێ
estación de tren

دبستان
colegio

زانینگه

universidad

بانک

banco

نمخوشخانه

hospital

مێۆانخانه

hotel

دەرمانخانه

farmacia

نۆفیس

oficina

کتێبفرۆشی

librería

دکان

negocio

گولفرۆش

florería

بازار

supermercado

بازار

mercado

سوپەرمارکەت

grandes tiendas

ماسیفرۆش

pescadería

ناوەندا کرین

centro comercial

بەندەر

puerto

پارک

parque

سمكوو

banco

پر

puente

دەرەنجە

escaleras

ژێر زەمينى

subte

تونێل

túnel

نيستگەها ئۆتۆبووس

parada del colectivo

بار

bar

خوارنگە

restaurante

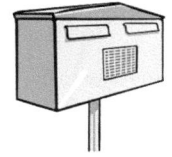

سندووقا پۆستێ

buzón

نيشاندەركا رێيێ

letrero

مەترا پاركينگێ

parquímetro

باخچا هەيوانان

zoológico

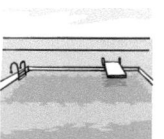

هەوزا مەلەڤانیێ

pileta

مزگەفت

mezquita

جۆزتگه
granja

لەوتاندنا دەردۆر
contaminación

گۆرستان
cementerio

کەنیسه
iglesia

نەردئ لەیستنئ
juegos infantiles

پەرمستگەه
templo

تەبیعەت

paisaje

گەلا
hoja

نیشاندەرکا رئ
poste indicador

رئ
camino

مێرگ
pradera

کەفر
piedra

گەرزک
excursionista

دار
árbol

چەم
río

گیا
hierba

کولیلک
flor

دۆل

valle

گر

montaña

گۆل

lago

دارستان

bosque

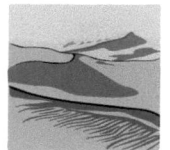

بیابان

desierto

ۋولکان

volcán

کەلمە

castillo

کەسکەسۆر

arco iris

کثارک

champiñón

دارقەسپ

palmera

مخمخک

mosquito

مێش

mosca

مێرى

hormiga

هنگ

abeja

پیرێ

araña

كێزک

escarabajo

بەق

rana

سمۆر

ardilla

ژیژۆک

erizo

کەرگوه

liebre

پەپووک

lechuza

چفیک

pájaro

قوو

cisne

بەرازی کێوی

jabalí

پەزکێوی

ciervo

پەزکێوی

alce

بەنداو

presa

توربینا با

aerogenerador

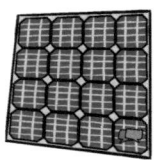

پانەلا خۆری

panel solar

ئاڤ و هەوا

clima

بمرکار
mozo

پێشمەک
menú

کورسی
silla

شۆربە
sopa

پیزا
pizza

چەتەل و چەمچک
cubiertos

سفرە
mantel

خوارنا دەستپێک

entrada

خوارنا سەرەکی

plato principal

شیرانی

postre

قەدخوارنان

bebidas

خوارن

comida

جام

botella

خواردنا لەز

comida rápida

خواردنا رێیێ

comida callejera

چایدانک

tetera

قووتی شەکرێ

azucarera

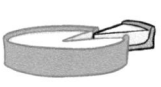

بەش

porción

مەکینا چێکرنێ ئەسپرەسسۆ

cafetera expreso

کورسیا بلیند

sillita alta

هەساب

cuenta

سێنی

bandeja

کێر

cuchillo

چمتەل

tenedor

کەڤچی

cuchara

کەڤچیا چای

cucharita

پێشگر

servilleta

قەدەھ

vaso

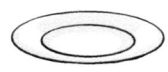

تەيفك

plato

تەيفكا شۆربە

plato hondo

پيالە

plato

چىنج

salsa

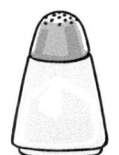

خوىئدانک

salero

قووتى بيبار

molinillo de pimienta

سىرکە

vinagre

روون

aceite

بهارات

especias

کەتچاپ

kétchup

موستارد

mostaza

مايۆنىز

mayonesa

بازار

supermercado

پێشکێشێن تایبەت
oferta especial
FOR
مشتەری
cliente
شیرەمەنی
lácteos
فێکی
fruta
عەرەبە
changuito

BUTCHERS

قەسابی
....
carnicería

BAKERY

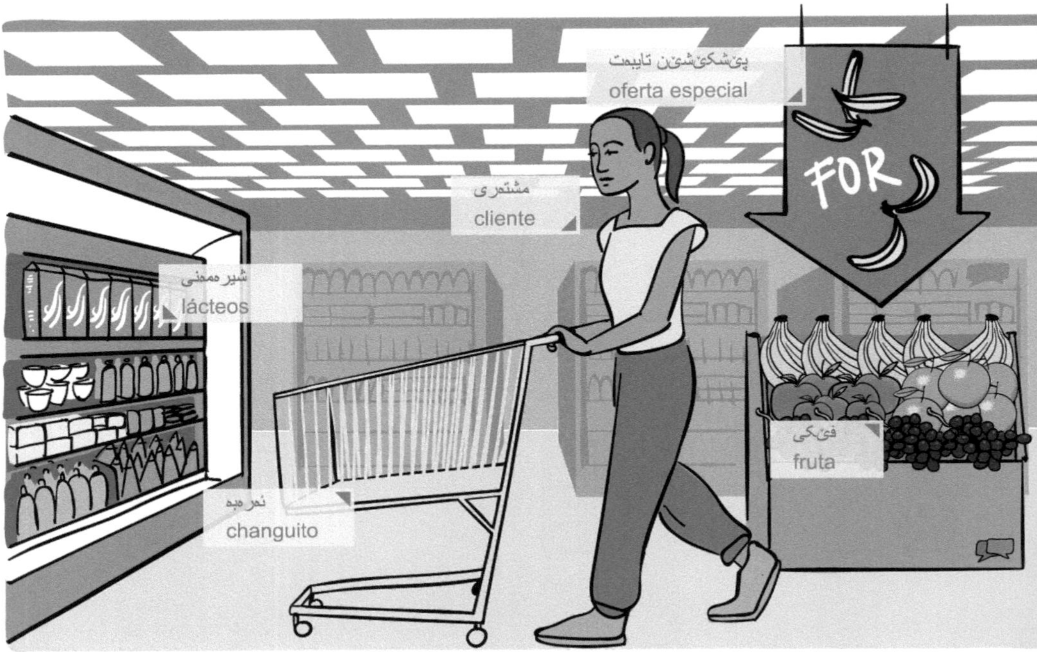

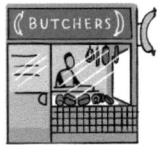

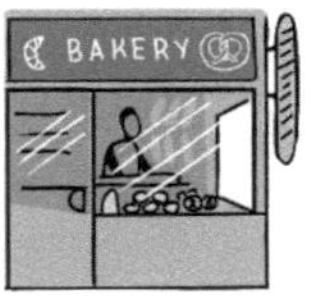

دکانا نانپێژ
....
panadería

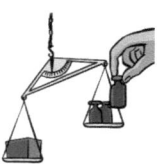

وەزن کرن
....
pesar

سەبزە
....
verduras

گۆشت
....
carne

خوارنێ جەمەدی
....
alimentos congelados

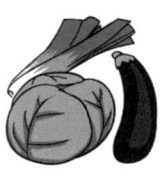

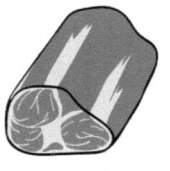

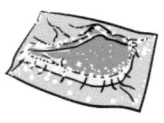

گۆشتێ سار

fiambres

خوارنا پیلێ

alimentos enlatados

خوباری پاقژکرنێ

detergente en polvo

شرینی

golosinas

بەر هەمێن ناڤخوەیی

electrodomésticos

بەر هەمێن پاقژکرنێ

productos de limpieza

فرۆشیار

vendedora

خەزنۆک

caja

درافگر

cajero

لیستا کرینێ

lista de compras

دەمێن فەمکری

horario de atención

جزدان

billetera

کارتێ قەرزێ

tarjeta de crédito

چەوال

cartera

چەنتە

bolsa de plástico

ئاڤ

agua

تەرەبش

jugo

شیر

leche

کۆمر

bebida cola

شەراب

vino

بیرا

cerveza

ئالکۆل

alcohol

کاکوۆ

cacao

چای

té

قەهوە

café

ئەسپیرەسسۆ

café expreso

کاپوۆچینۆ

cappuccino

مؤز

banana

سیٔف

manzana

پرتەقالی

naranja

گوندۆر

melón

لیمۆن

limón

گەزەر

zanahoria

سیر

ajo

قامر

bambú

پیٔاز

cebolla

قارچک

champiñón

گوێز

nueces

شهیرہ

fideos

سپاگێتتی
tallarines

برنج
arroz

سەلەتە
ensalada

چیپس
papas fritas

پەتەتەیا براشتی
papas fritas

پیزا
pizza

هامبورگەر
hamburguesa

نانۆک
sándwich

گۆشتێ ستوویێ بەرخی
churrasco

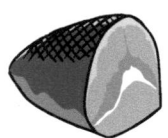

گۆشتێ هشککری
jamón

سالامێ
salame

سۆسیس
salchicha

مریشک
pollo

بژارتن
asado

ماسی
pescado

شۆربه بلوول

copos de avena

مووسلی

muesli

کەرتێن گلگلان

copos de maíz

ناردن

harina

جرۆسسانت

medialuna

سەموون

pancito

نان

pan

تۆست

tostada

نانک

galletitas

نۆێشک

manteca

ماست

cuajada

کولیچە

torta

هێک

huevo

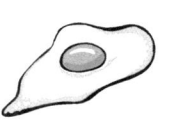

هێنکا قەلاندی

huevo frito

پەنیر

queso

دۆندرمە
....
helado

شەكر
....
azúcar

ھەنگۇ
....
miel

مەربا
....
mermelada

خامەيا نۆوگات
....
pasta de chocolate

كورى
....
curry

خانیا چەولگا
granja

تەپکا پووشئ
fardo de paja

کادین
granero

زەڤی
campo

ھەسپ
caballo

کاروان
remolque

جانی
potrillo

تراکتۆر
tractor

کەر
burro

بەرخ
cordero

بەران
oveja

بزن
cabra

چئلەمک
vaca

گۆلک
ternero

بەراز
cerdo

خنزیرک
lechón

بۆخە
toro

قاز

ganso

مراقی

pato

جووچک

pollo

مریشک

gallina

کەڵەشێر

gallo

جرج

rata

کتک

gato

مشک

ratón

گا

buey

کووچک

perro

خانیا کووچکئ

cucha

خانی باخن

manguera

قووتیکا ئافدانئ

regadera

شالووک

guadaña

گاسن

arado

داس

hoz

مەربێژر

azada

دارساپک

horquilla

بۆڕ

hacha

دەستگەرە

carretilla

قووتی خوارنا جانداران

abrevadero

قووتی شیر

lechera

توور

bolsa

چەپەر

reja

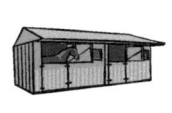

ناخور

establo

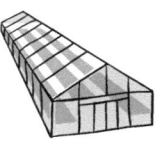

خانا کولیلکان

invernadero

ناخ

suelo

دەندک

semilla

پەین

fertilizador

کۆمباین

cosechadora

زاد
....
cosechar

زاد
....
cosecha

پەتاتە
....
batatas

گەنم
....
trigo

فاسۆلیا
....
soja

پەتاتە
....
papa

دەخل
....
maíz

دەندک
....
semilla de colza

داری فێکی
....
árbol frutal

سیڤۆی بن نەردی
....
mandioca

زاد
....
cereales

كولمك
chimenea

بائی
techo

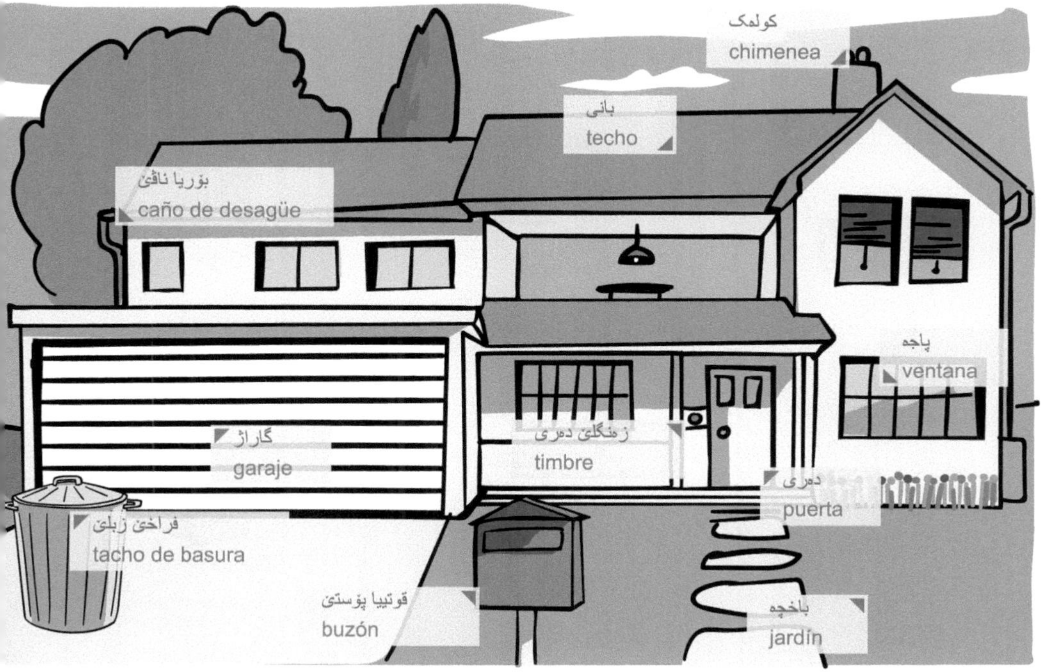

بۆریا ناقئ
caño de desagüe

پاجه
ventana

گاراژ
garaje

زەنگلئ دەرئ
timbre

دەرئ
puerta

فراخئ زبلئ
tacho de basura

قوتییا پۆستئ
buzón

باخچه
jardín

نۆدا روونشتنئ
living

هەممام
baño

مەتبەخ
cocina

نۆدا خەوئ
dormitorio

نۆدەميا زارۆک
cuarto de los chicos

نۆدا شيفئ
comedor

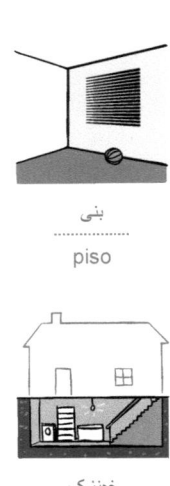

بنی

piso

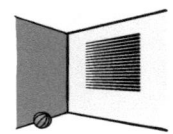

دیوار

pared

بمربان

cielorraso

خمنزک

sótano

ساونا

sauna

بالکۆن

balcón

بمردانک

terraza

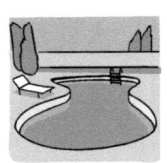

همدوزا مطلمۆانی

pileta

چیممن بر

cortadora de pasto

مملهمفه

sábana

بمتانی

acolchado

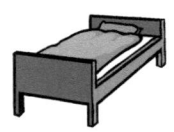

نثین

cama

گمزک

escoba

ساتل

balde

کلیل

interruptor

ئۆدا روونشتنێ

living

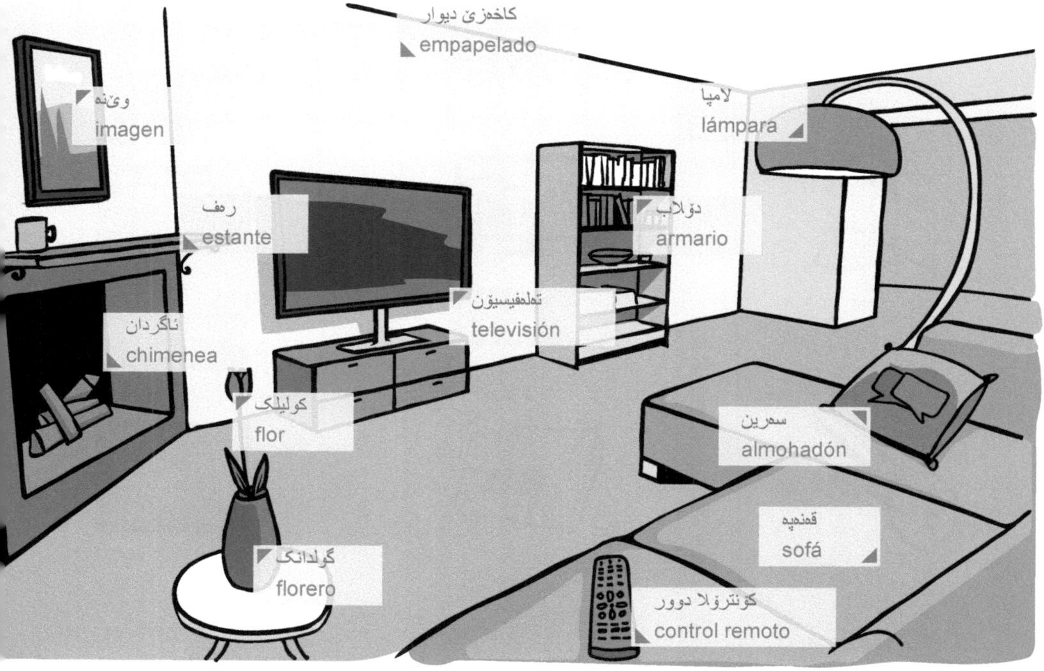

كاخەزێ دیوار
empapelado
وێنە
imagen
لامپا
lámpara
ڕەف
estante
دۆلاب
armario
تەلەفیسیۆن
televisión
ئاگردان
chimenea
کولیلک
flor
سەرین
almohadón
قەنەپە
sofá
گولدانک
florero
کۆنترۆلا دوور
control remoto

خالیچە

alfombra

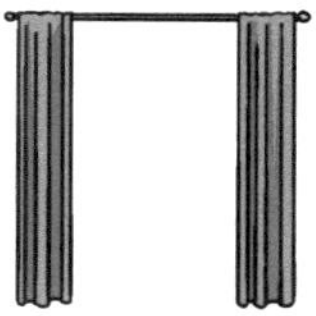

پەردە

cortina

مێز

mesa

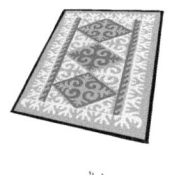

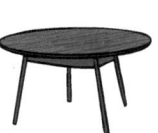

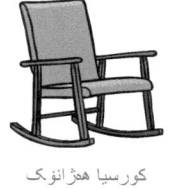

کورسی

silla

کورسیا هەژانۆک

mecedora

کورسی

sillón

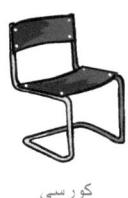

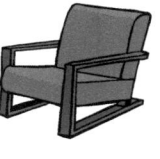

پرتووک

libro

بەتانیی

frazada

خەملاندن

decoración

ئۆزنگ

leña

فیلم

película

ھـف

equipo de música

کلیل

llave

رۆژنامە

diario

نیگار

pintura

پۆستەر

póster

رادیۆ

radio

دەفتەر

cuaderno

سڤنکا ئەلەکتریکی

aspiradora

کاکتووس

cactus

مۆم

vela

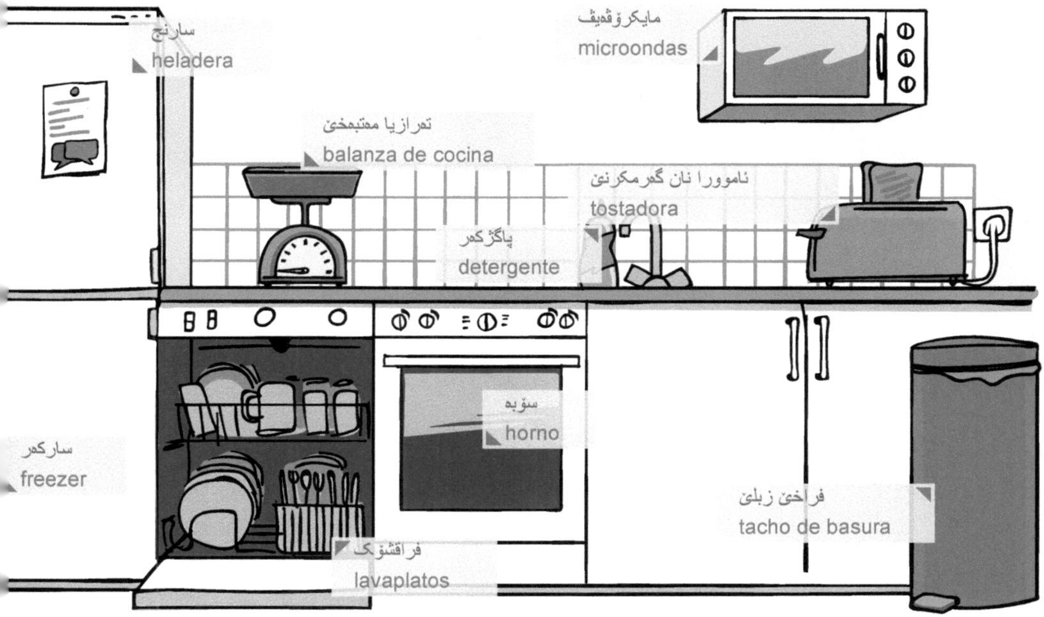

سارنج
heladera

مایکرۆڤەیڤ
microondas

تەرازیا مەتبەخێ
balanza de cocina

ئاموورا نان گەرمکرنێ
tostadora

پاگژکەر
detergente

سۆبە
horno

سارکەر
freezer

فراخێ زبلێ
tacho de basura

فراقشۆرک
lavaplatos

سۆبە
....
cocina

ئامان
....
olla

ئامانێ نووتوو
....
olla de hierro fundido

فراقێ مەزن
....
wok

دیزک
....
sartén

کەلینک
....
pava

فراقىئ ھەلمئ

vaporera

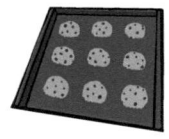

سۆنى نانئ

bandeja de horno

فراق

vajilla

پیاله

taza

كاسك

bol

دارئ نانخوارن

palitos

ھەسك

cucharón

كەفچیا مەزن

estpátula

رێنمك

batidora

كەفگیر

colador

بۆژنگ

colador

رێشكەر

rallador

دەستار

mortero

براشتن

parrilla

ئاگرێ ڤالا

fogata

تەختەیا بڕینێ

tabla de picar

داركێ تیرێ

palo de amasar

دەفكك بادەك

sacacorchos

قووتی

lata

قووتیڤەكر

abrelatas

جاوئ ئامانان

manopla

دەستشۆ

pileta

فرچە

cepillo

پارازوا

esponja

تەفدرێ

batidora

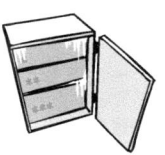

ساركەرێ جەمەدی

congelador

شووشە بەبكان

mamadera

هەمدەفی

canilla

هەمام

baño

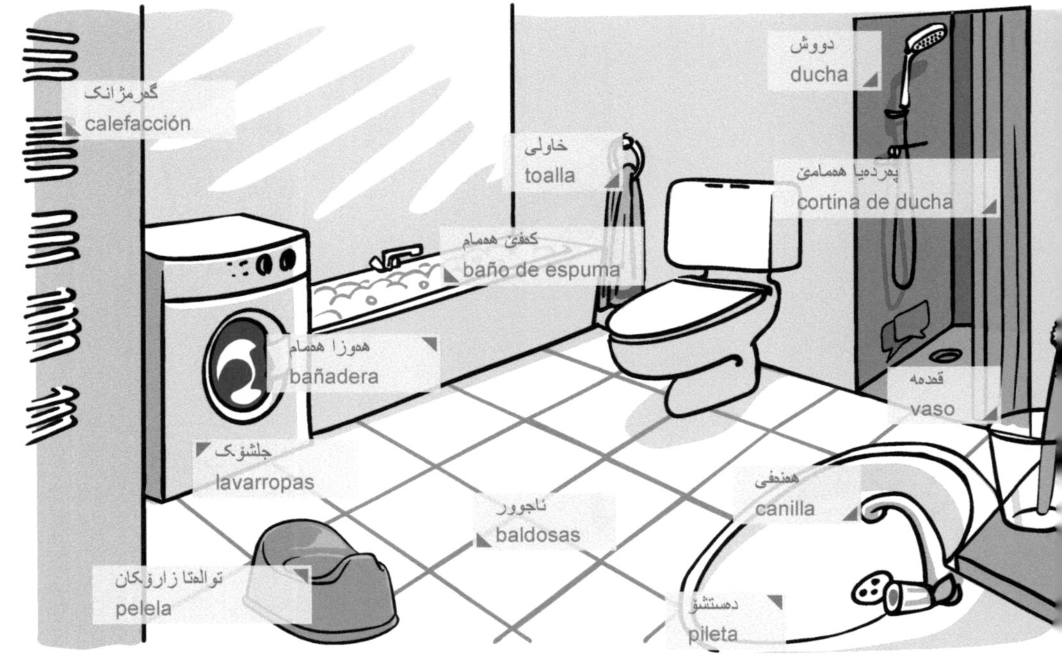

گەرمژانک
calefacción
خاولی
toalla
دووش
ducha
پەردەیا هەمامێ
cortina de ducha
کەفێ هەمام
baño de espuma
هەوزا هەمام
bañadera
جلشۆک
lavarropas
ئاجوور
baldosas
هەنەفی
canilla
قەدەح
vaso
توالەتا زارۆکان
pelela
دەستشۆ
pileta

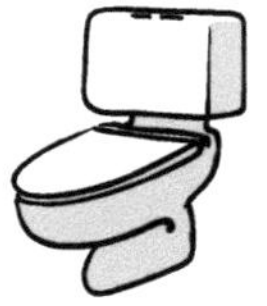

توالەت

inodoro

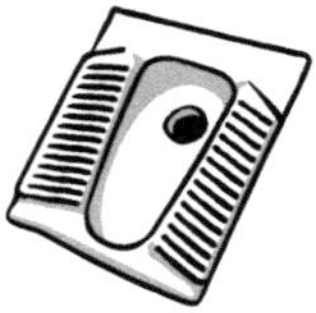

توالەتا ئەردی

letrina

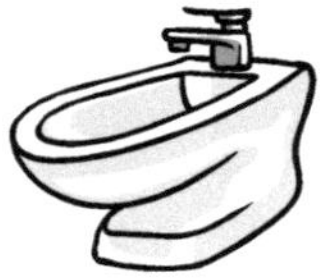

توالەت

bidé

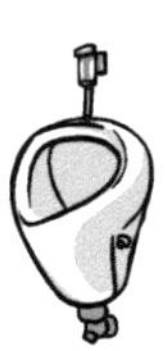

ئاڤدەستخانا مێران

mingitorio

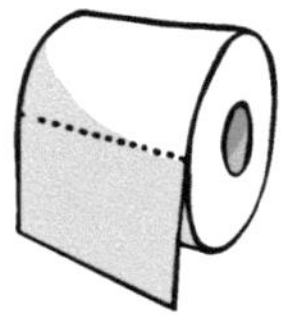

کاخەزا توالەت

papel higiénico

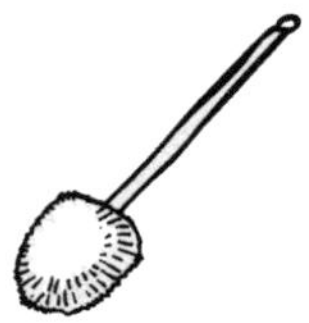

فرشەیا توالەت

cepillo para el inodoro

فرچەیا ددان

cepillo de dientes

مەجوونا ددان

dentífrico

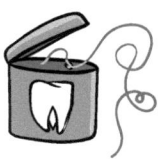

نمخا ددان

hilo dental

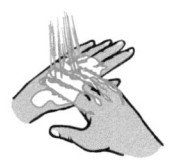

شووشتن

lavar

دووشێ دەستێ

ducha de mano

دووش

ducha higiénica

دەستشۆ

palangana

فرچا پشت

cepillo para espalda

سابوون

jabón

جێلێ هەمام

gel de ducha

شامپۆ

shampoo

فانیلە

toallita

زێراب

desagüe

کرێم

crema

بێهن خوشکەر

desodorante

مرێک

espejo

مرێکا دەستێ

espejito

گووزان

maquinita de afeitar

کەفێ تەراشینێ

espuma de afeitar

مەجوونا پشتی تەراشینێ

aftershave

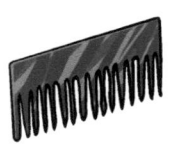

شەه

peine

فرچە

cepillo

پۆر هیشککەر

secador de pelo

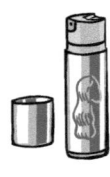

سپرایا پۆرێ

spray

کۆزمەتیک

maquillaje

سۆرافک

lápiz de labios

رەنگێ نینۆک

esmalte para uñas

پەمبوو

algodón

مەقەستا نینۆک

tijera para uñas

پارفووم

perfume

چەواڵی هەمامی

portacosméticos

کورسیا بۆیشت

banqueta

تەرازی

balanza

کنجا هەمامی

bata

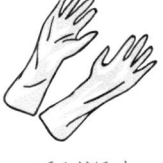

لپکا لاستیکی

guantes de goma

تامپۆن

tampón

خاوڵیا پاقژکرنی

toallita femenina

توالەتا کیمییەوی

baño químico

cuarto de los chicos

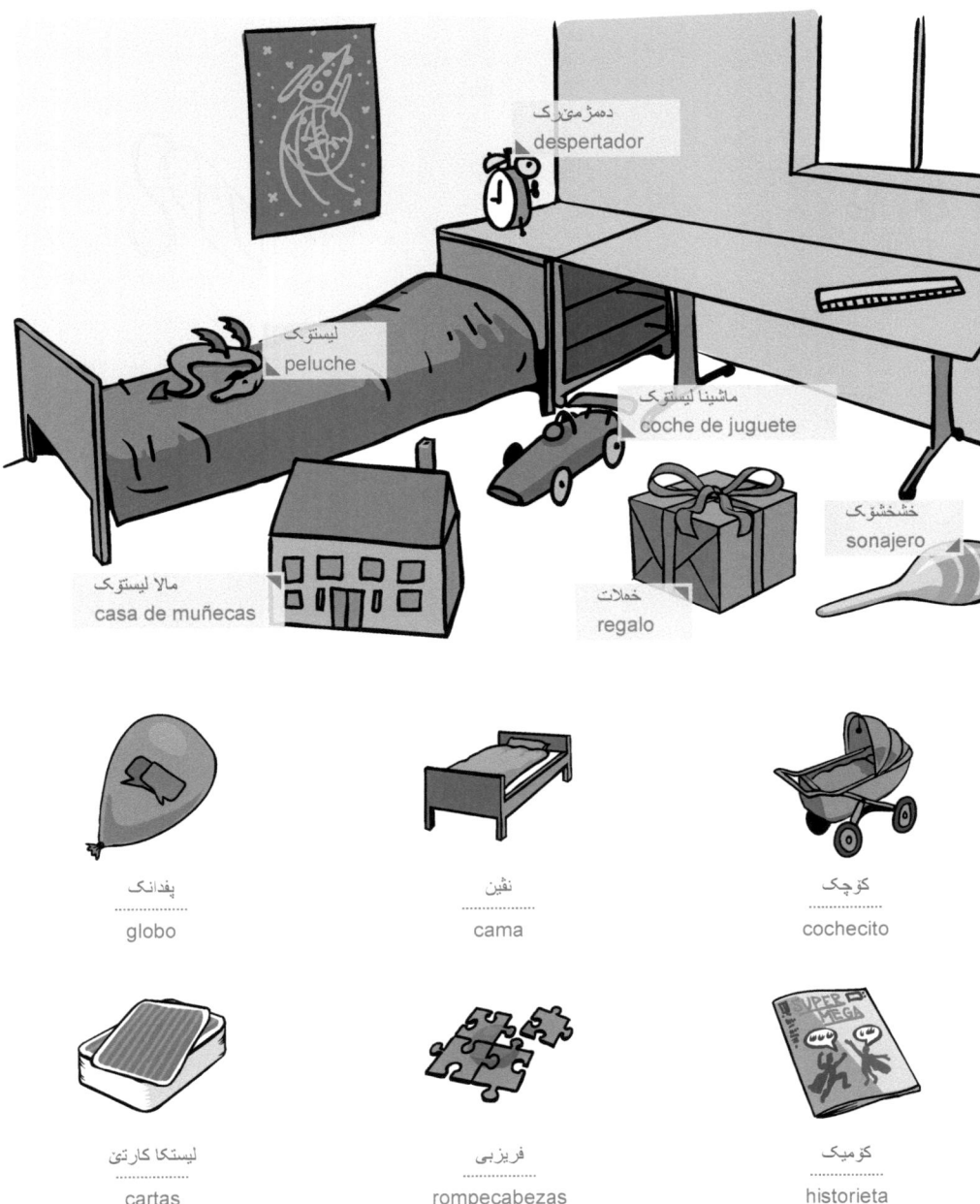

دەمژمێرک
despertador

لیستوک
peluche

ماشینا لیستوک
coche de juguete

خشخشۆک
sonajero

مالا لیستۆک
casa de muñecas

خەلات
regalo

پفدانک
globo

نڤین
cama

کۆچک
cochecito

لیستکا کارتێ
cartas

فریزبی
rompecabezas

کۆمیک
historieta

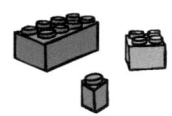

ناجوورا لێگۆ

piezas de lego

ناجوورا لیستۆک

ladrillos de juguete

بووکە شووشە

figura de acción

کنجا بەبکان

enterito (de bebé)

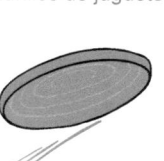

فرزبی

frisbee

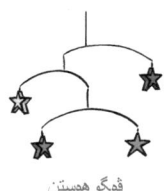

ڤمگو هەستن

móvil para bebés

لیستکێن تەختە

juego de mesa

مۆر

dados

مۆدێلا ترێنێ

tren eléctrico

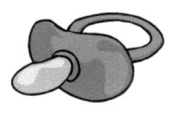

مەمک

chupete

جەژن

fiesta

کتێبا وێنە

libro de cuentos ilustrado

تۆپ

pelota

بووکە شووشە

muñeca

لەییستن

jugar

كونا خيزئ

arenero

جۆلانه

hamaca

لیستۆكان

juguetes

لیستكا ڤيدۆيىى

consola de videojuegos

سێچەرخه

triciclo

هرچا لیستۆک

osito de peluche

جلدانک

armario

ropa

گۆره

medias

گۆره

medias panty

دەرپێگۆرئ

calzas

شال
bufanda

چەتر
paraguas

کراس
remera

قایش
cinturón

شمەکال
botas

سۆلکئ ناڤ مالئ
pantuflas

سۆلک
zapatillas

سۆلک
sandalias

سۆل
zapatos

پۆتینا چەرمئ
botas de goma

پانتۆلئ ژئر
ropa interior

پوئسیربەند
corpiño

چەدکبەند
chaleco

كەندەمك

body

پانتۆل

pantalones

ژ مانس

jeans

دامان

pollera

كراس

blusa

كراس

camisa

فانیله

pulóver

فانیله

buzo

جاکێت

blazer

ساکۆ

campera

چاکەت

tapado

بارانی

piloto

لەباس

traje

فیستان

vestido

جلی داوەتی

vestido de novia

چاكيت

traje

پێجامە

camisón

پێجامە

pijama

ساری

sari

لەچک

pañuelo para cabeza

مێزەر

turbante

هەئرام

burka

كافتان

caftán

عەبا

abaya

كنجا ئاژنێكرن

traje de baño

جلكا مەلەڤانی

short de baño

شۆرت

shorts

جلا هێقوژكاری

jogging

پێشمال

delantal

لەپک

guantes

مەگروود

botón

كاڤچرەب

anteojos

نزاب

pulsera

گەردەنی

collar

گۆستیل

anillo

گوهارک

aro

كڤەد

gorra

هەلاڤستمک

percha

كروم

sombrero

كراوات

corbata

زیپ

cierre

سەرپارێز

casco

دەرزی

tiradores

كنجا دبستانئ

uniforme escolar

یوونیفۆرم

uniforme

بەردلک

babero

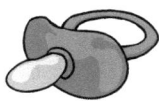

مەمک

chupete

پۆنداخ

pañal

ئۆفیس

oficina

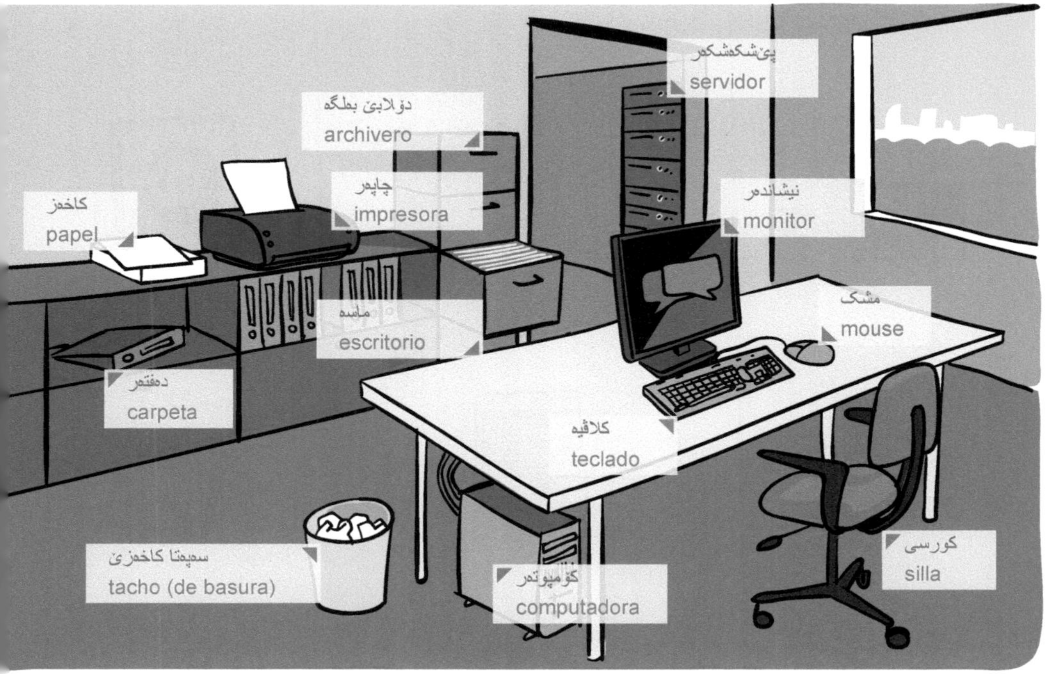

پێشکەشکەر
servidor

دۆلاپی بەلگە
archivero

نیشاندەر
monitor

کاغەز
papel

چاپەر
impresora

مشک
mouse

مامە
escritorio

دەفتەر
carpeta

کلاڤیە
teclado

کورسی
silla

سەپەتا کاغەزی
tacho (de basura)

کۆمپیوتەر
computadora

کاسکا قەهوە

taza de café

هەسابکەر

calculadora

ئینتەرنەت

internet

كومپيوتمرا لاپتوپ

laptop

نامە

carta

پەيام

mensaje

تەلەفۆنا مۆبيل

celular

تۆر

red

مەكينا فۆتوكۆپى

fotocopiadora

سۆفتوارە

software

تەلەفۆن

teléfono

سۆچكەتا فيشەك

tomacorriente

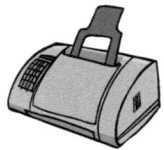

مەكينا فاخن

fax

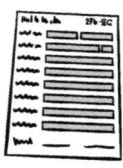

فۆرم

formulario

بەلگە

documento

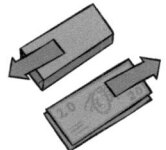

كرين

comprar

پەرە دان

pagar

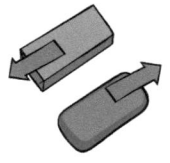

بازرگانی

hacer negocios

پەرە

dinero

دۆلار

dólar

يۆرۆ

euro

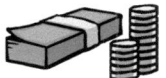

يەنی ژاپۆنی

yen

رۆبلی رووسی

rublo

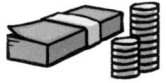

فرانکی سویسی

franco suizo

يوانی چینی

yuan

رووپی هندی

rupia

مەکینا ژخودبەرا دراڤ

cajero automático

ئۆفىسا پەرە قمگوھارتنئ

casa de cambio

زێر

oro

زیڤ

plata

نەفت

petróleo

وزه

energía

بها

precio

پەیمان

contrato

تاخ

impuesto

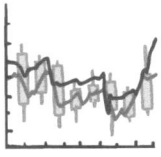

سەھام

acción

کارکرن

trabajar

کارکەر

empleado

کاردا

empleador

فابریکا

fábrica

دکان

negocio

پرۆفەسیۆن
ocupaciones

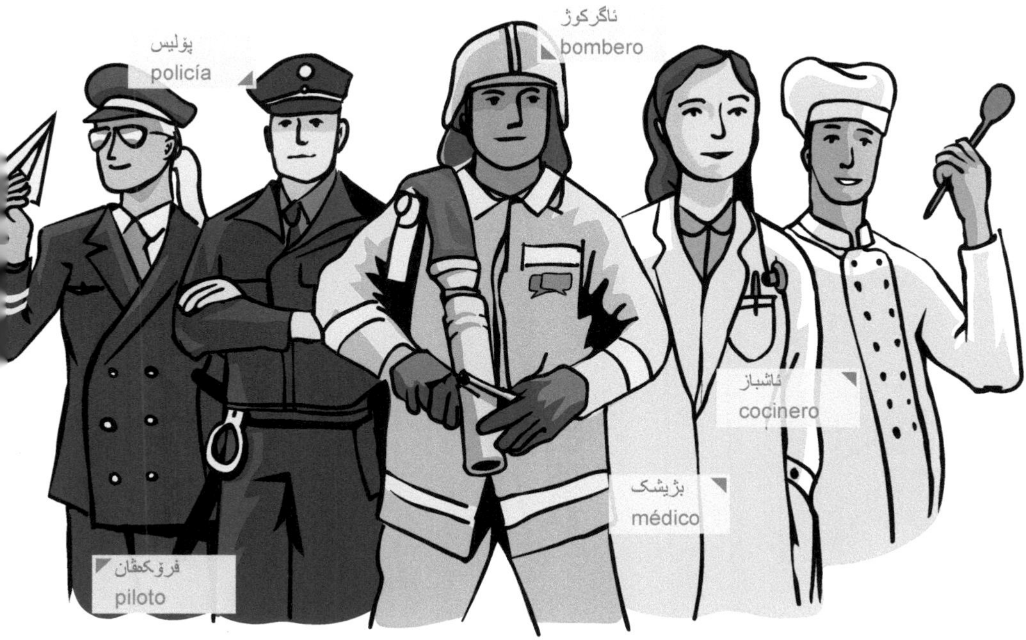

ئاگرکوژ
bombero
پۆلیس
policía
ئاشباز
cocinero
بژیشک
médico
فڕۆکەڤان
piloto

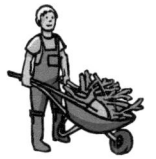

باخچەڤان

jardinero

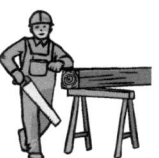

نەجار

carpintero

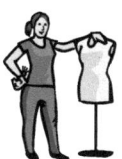

دروونڤان

modista

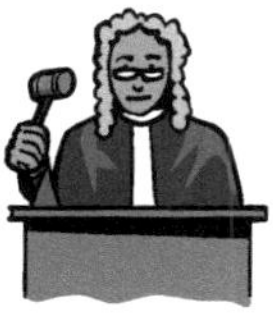

هاکم

juez

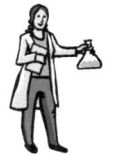

شیمیازان

farmacéutico

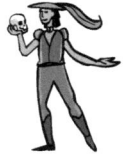

شانۆگەر

actor

شوفێرێ باسێ

colectivero

شوفێرەكی تاكسیێ

taxista

ماسیڤان

pescador

پاگژکەر

mucama

چێنكرێ بانی

techista

بەركار

mozo

نێچرڤان

cazador

رەنگرێس

pintor

نانپێژ

panadero

كارەباڤان

electricista

ناڤاكەر

albañil

ئەندەزیار

ingeniero

قەساب

carnicero

لوولەمكار

plomero

پۆستەڤان

cartero

ئەسكەر

soldado

میمار

arquitecto

درافگر

cajero

فرۆتكارا چيچەكان

florista

پۆرچنكەر

peluquero

ناژۆۋان

cobrador

مەكانیک

mecánico

كەشتیڤان

capitán

پزیشكا ددانان

dentista

زانستیار

científico

رووهان

rabino

ئیمام

imán

كەشە

monje

كەشیش

sacerdote

ئامووران
herramientas

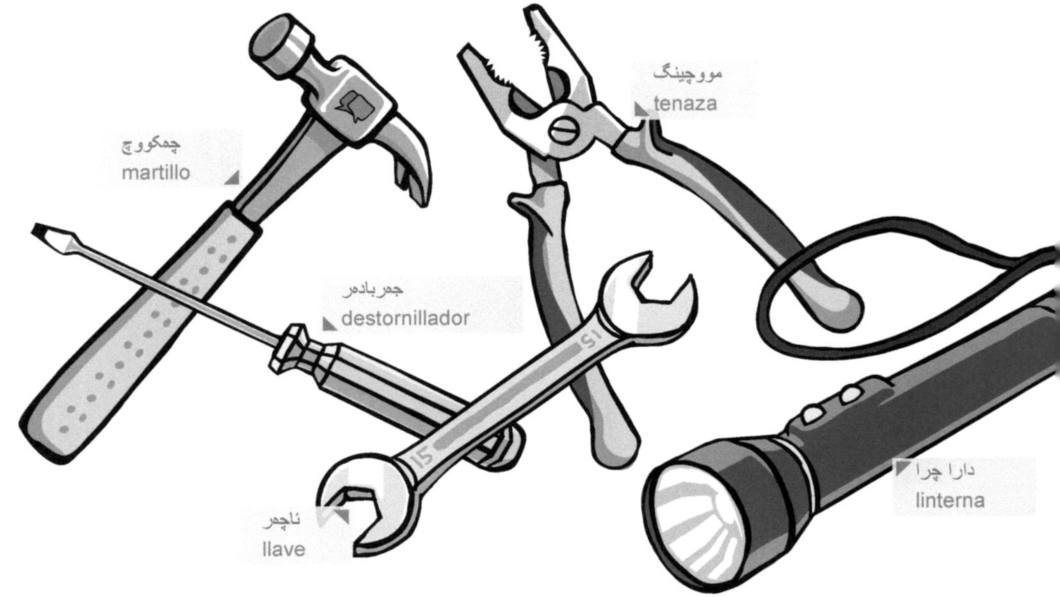

چەکووچ
martillo
جەربادەر
destornillador
ئاچەر
llave
مووچینگ
tenaza
دارا چرا
linterna

شۆفەل

excavadora

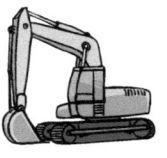

قووتیا ئامووران

caja de herramientas

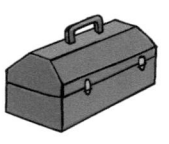

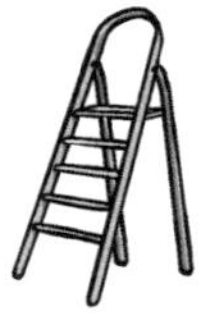

پەیژە

escalera portátil

مشار

sierra

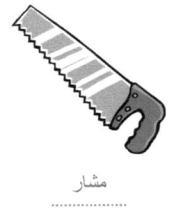

میخ

clavos

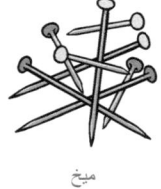

قولکرن

taladro

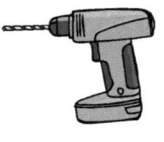

چێککرن
....
arreglar

مەربێر
....
pala de jardín

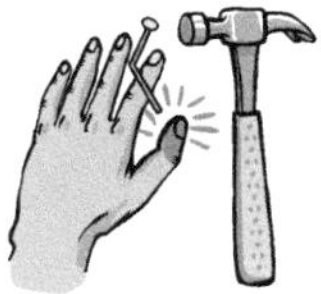

نالەت!
....
¡Qué bronca!

بێل
....
pala de plástico

قووتیا رەنگێ
....
tacho de pintura

جەدر
....
tornillos

ئامووریێن مووزیکێ

instrumentos musicales

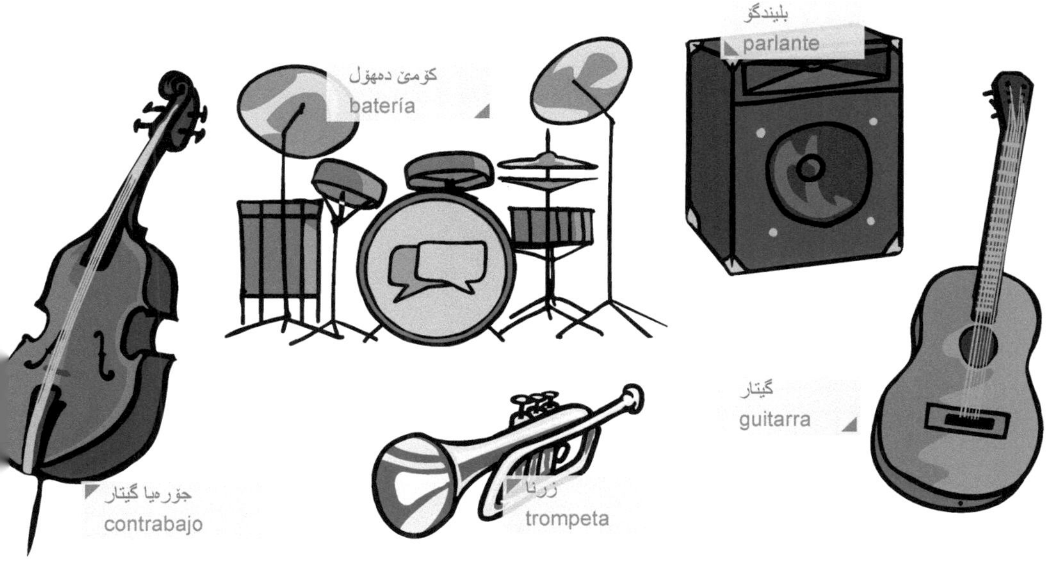

کۆمێ دەهۆل
batería

بلیندگۆ
parlante

گیتار
guitarra

جۆرمیا گیتار
contrabajo

زورنا
trompeta

پيانۆ

piano

ڤيۆلين

violín

باس

bajo

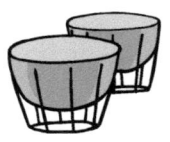

دەهۆل

timbales

داهۆل

tambor

كيبيۆارد

teclado

ساكسۆفۆن

saxofón

بلوور

flauta

ميكرۆفۆن

micrófono

باخچا هەیوانان

zoológico

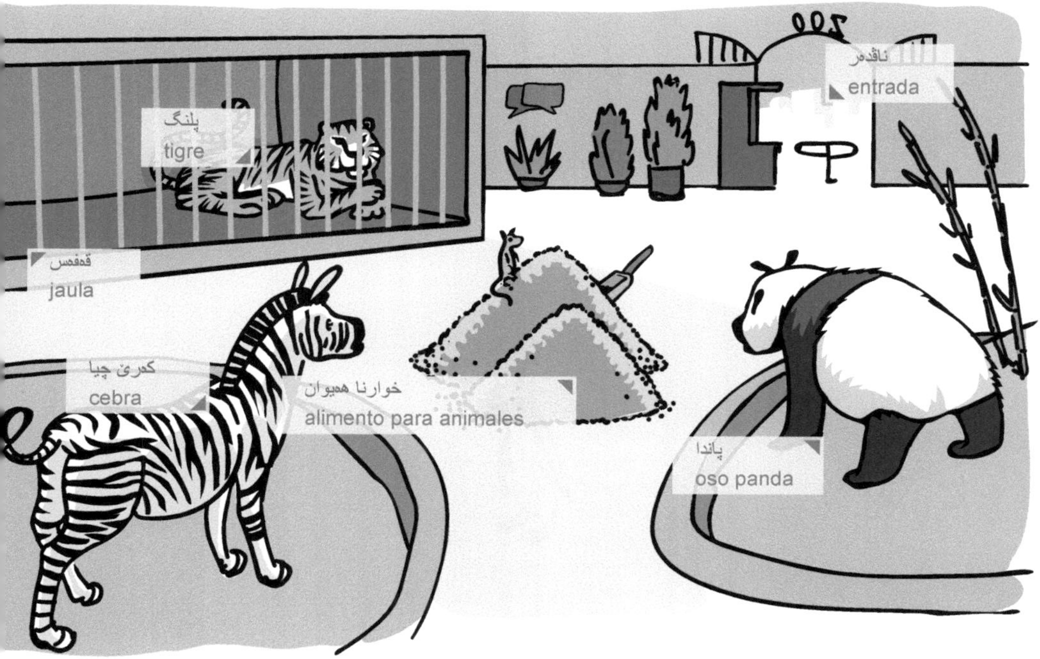
ناڤدەر
entrada
پلنگ
tigre
قەفەس
jaula
کەرێ چیا
cebra
خوارنا هەیوان
alimento para animales
پاندا
oso panda

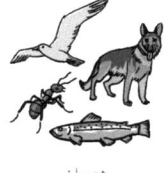

هەیوان

animales

فیل

elefante

کانگاروو

canguro

کەرکەدەن

rinoceronte

گۆریل

gorila

هرچ

oso

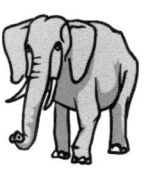

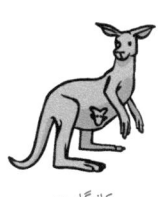

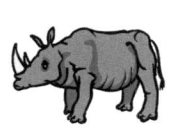

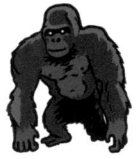

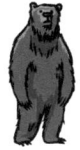

هێشتر

camello

هێشترمه

avestruz

شێر

león

مەیموون

mono

فلامینگۆ

flamenco

پاپاخان

loro

هرچا جەمسەری

oso polar

پەنگوین

pingüino

سەماسی

tiburón

تاووس

pavo real

مار

serpiente

تەمساه

cocodrilo

پارێزەرا باخچا ئاژەلان

cuidador del zoológico

سەیا دەریا

foca

پلنگ

jaguar

هۆسپ

poni

پلنگ

leopardo

هەسپێ روویبار

hipopótamo

جانهئشتر

jirafa

هەلۆ

águila

بەرازێ کۆڤی

jabalí

ماسی

pescado

کووسی

tortuga

والراس

morsa

رۆڤی

zorro

خەزال

gacela

فووتبۆلئ نامرىكا
fútbol americano

بسكلئتان
ciclismo

تەنىس
tenis

باسكێتبۆل
básquet

ناۋژ منىكرن
natación

بۆخنگ
boxeo

هۆكىيا سەر جەممەدی
hockey sobre hielo

فووتبۆل
fútbol

بادمنتۆن
bádminton

یئ ناتلەتىزمئ
atletismo

هەندبۆل
handball

بەفرا ژۋۆتن
esquí

پۆلو
polo

هلپیکه
saltar

هەمبێز
abrazar

كەنین
reír

برێقەچوون
caminar

لاوژە گوتن
cantar

خەون دیتن
soñar

نوێژ کرن
rezar

ماچکرن
besar

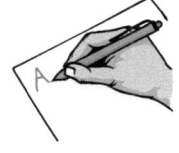

نڤیساندن
escribir

نیگار کێشان
dibujar

نیشان دان
mostrar

پالدان
presionar

دایین
dar

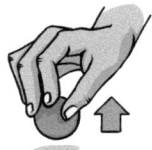

راكرن
tomar

هەبوون

tener

کرن

hacer

بوون

ser

سمکنین

estar parado

بازدان

correr

کشاندن

tirar

ئاڤێتن

tirar

کەتن

caer

دەرەوو کرن

estar acostado

سمکنین

esperar

گوهەزتن

llevar

روونشتن

estar sentado

جل بەرکرن

vestirse

رازان

dormir

رابوون

despertar

مێزه‌ كرن

mirar

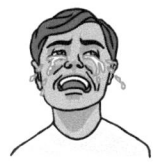

گرین

llorar

جه‌لته‌

acariciar

شه‌ كرن

peinar

په‌ديقين

hablar

فامكرن

entender

پرسكرن

preguntar

بهيستن

escuchar

قه‌مخوارن

beber

خوارن

comer

كۆم كرن

ordenar

هه‌زكرن

amar

خوارن چێكرن

cocinar

ئاژۆتن

manejar

فرين

volar

كەشتیڤانی

navegar

هەسباندن

calcular

خواندن

leer

هێنبوون

aprender

كاركرن

trabajar

زەوجین

casarse

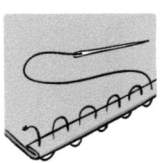

دروتن

coser

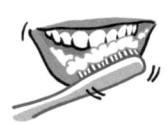

ددان شووتن

cepillarse los dientes

كوشتن

matar

دووخان

fumar

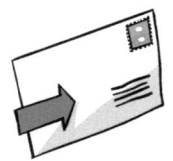

شاندن

enviar

familia

داپیر
abuela

بابیر
abuelo

پلار
padre

دئ
madre

ببمبک
bebé

کمچ
hija

کور
hijo

میئفان

invitado

ممت

tía

نابا/خال

tío

برا

hermano

خوشل

hermana

بەدەن

cuerpo

ئەنی
frente
چاڤ
ojo
ملل
hombro
تلی
dedo
روو
cara
زەنی
pera
دەست
mano
لنگ
pierna
سینگ
pecho
پیل
brazo

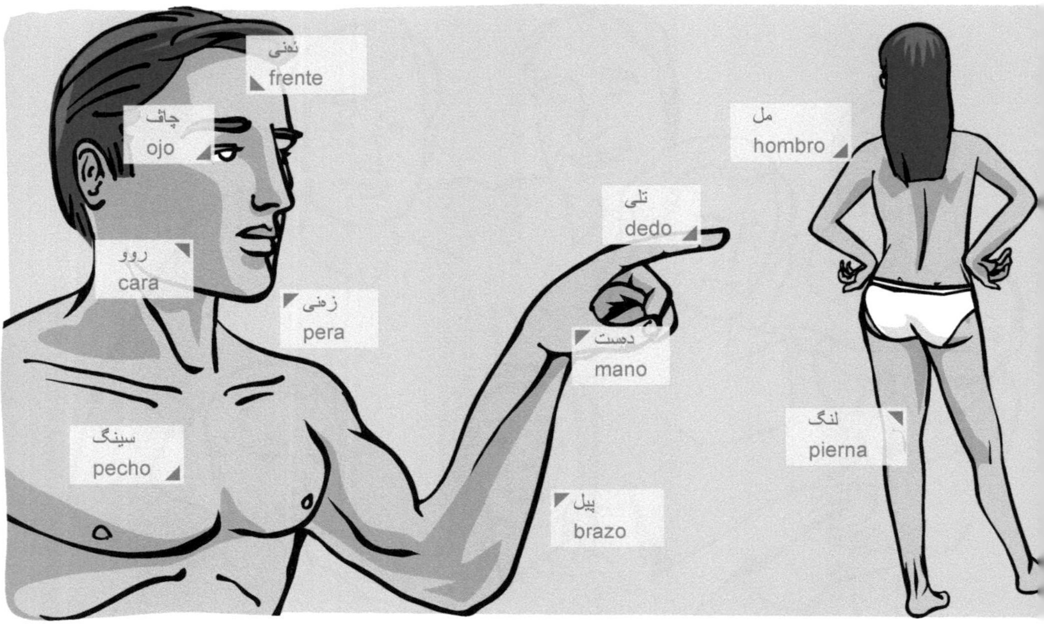

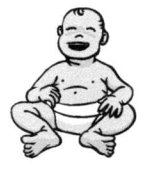

بەبەک

bebé

مێر

hombre

ژن

mujer

کەچ

nena

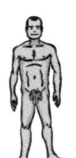

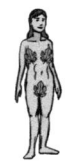

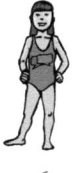

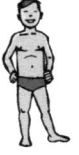

کۆر

nene

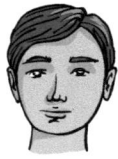

سەر

cabeza

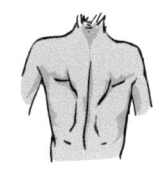

پِشْت

espalda

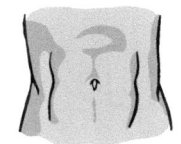

زِک

panza

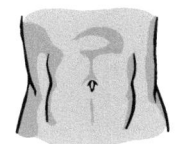

ناڤک

ombligo

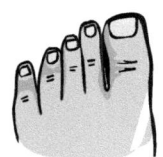

تِلیبا پِێ

dedo del pie

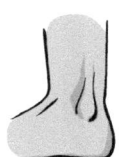

پانی

talón

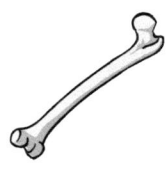

هەستی

hueso

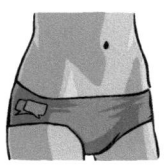

کوولیمەک

cadera

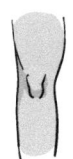

ژوونی

rodilla

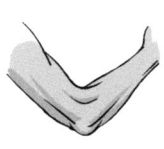

نەمنیشک

codo

دفن

nariz

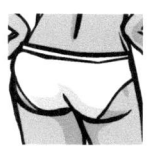

قوون

cola

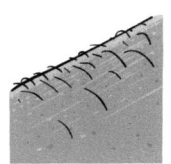

چەرم

piel

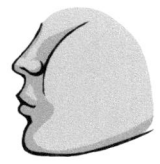

روو

cachete

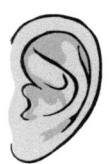

گووه

oreja

لێڤ

labio

دەڤ

boca

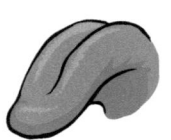

ددان

diente

زمان

lengua

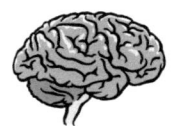

مێژوی

cerebro

دڵ

corazón

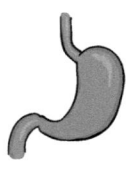

ماسوول

músculo

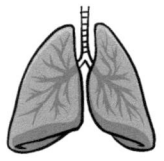

جیگەرا سپی

pulmón

جەگەر

hígado

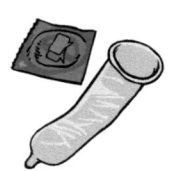

ماده

estómago

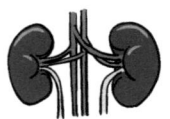

گورچکان

riñones

جۆتبوون

sexo

کۆندۆم

preservativo

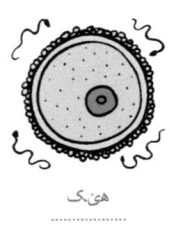

هێنک

óvulo

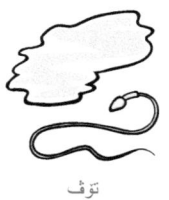

تۆف

semen

دووجانی

embarazo

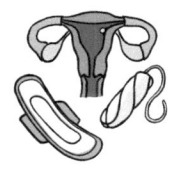

ناده
menstruación

قووز
vagina

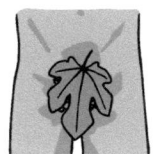

كير
pene

بروو
ceja

پۆر
pelo

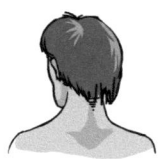

هووستوو
cuello

نەخوەشخانە

hospital

نەخوەشخانە
hospital
ئەرەبا نەخوەشان
ambulancia
ئەرەبۆکا گووڵەکان
silla de ruedas
شکەستە
fractura

بژیشک

médico

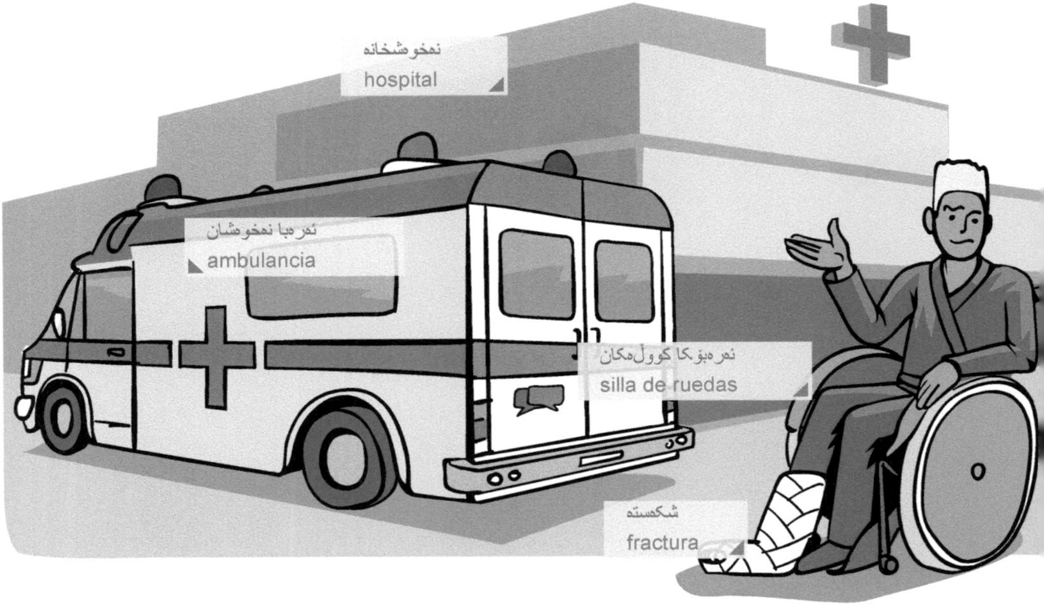

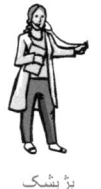

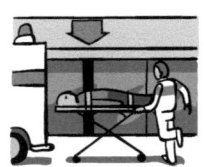

ئۆدا لەزگینێ

sala de guardia

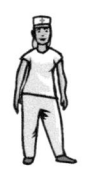

نەخوەشیار

enfermera

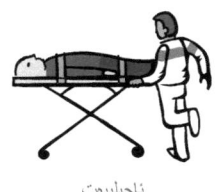

ئاجیلییەت

emergencia

بێهای

inconsciente

ئێش

dolor

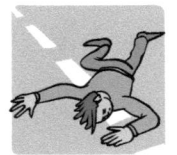

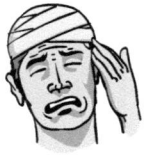

برین

lesión

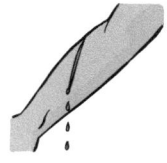

خوێنپژان

hemorragia

هێرشا دلی

infarto

جەڵتە

ACV

ئالەرژی

alergia

کۆخک

tos

تا

fiebre

زکام

gripe

ناڤچووین

diarrea

سەرێش

dolor de cabeza

قانسێر

cáncer

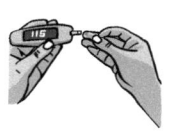

نەخۆشیا شەکرێ

diabetes

نەمەڵیکار

cirujano

سکالپێل

bisturí

نەمەڵی

operación

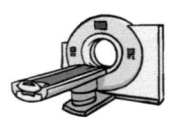

جت

TC

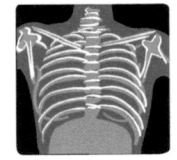

سوورەتێ رۆنتگێنێن

rayos x

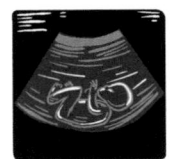

نوولتراساوند

ecografía

ماسكێ روويێ

barbijo

نەخوشی

enfermedad

نۆدا سمكنينێ

sala de espera

گۆچان

muleta

شێل

curita

پاچێ برینێیچانێ

venda

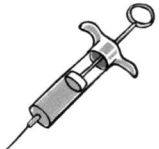

دەرزی

inyección

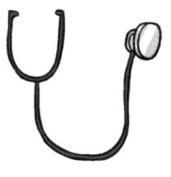

بیستۆكا پزیشكی

estetoscopio

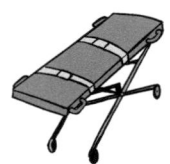

داربەست

camilla

تێهنیپێا كلینیكێ

termómetro

زایین

nacimiento

قەلەو

sobrepeso

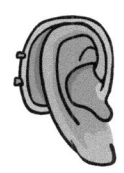

نالیکاریا بهیسستنئ

audífono

باکتمریکوژ

desinfectante

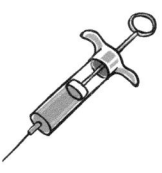

ڤیرووس

virus

کوتان

vacunación

لمزگین

lamada de emergencia

هف / نادان

VIH / SIDA

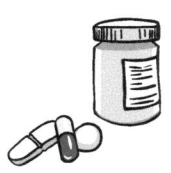

هدبان

comprimidos

دیمهندردئ پهستو خوین

tensiómetro

کؤتیبوون

infección

ددرمان

remedio

همبپ

pastilla anticonceptiva

نمخوهش / ساخ

enfermo / sano

emergencia

نالارم

alarma

شىرىئ

agresión

ھەوار!

¡Ayuda!

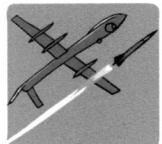

ئىرىشكرن

ataque

كوولالت

peligro

لجان اتنمكرەد

salida de emergencia

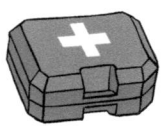

ناگ!

¡Fuego!

ناگر فەمرانىدنئ

matafuego

قەزا

accidente

ناهتىئن نالىكاريا يمكدم

botiquín de primeros
auxilios

سۆس

SOS

پۆلىس

policía

ئەورۆپا

Europa

ئامەریکایا باکوور

América del Norte

ئامەریکایا باشوور

América del Sur

ئافریکا

África

ئاسیا

Asia

ئاووسترالیا

Australia

ئاتلاننتیک

Atlántico

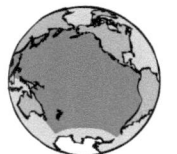

ئۆکیانووسا مەزن

Pacífico

ئۆکیانووسا هندی

Océano Índico

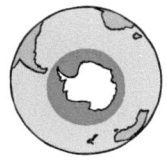

ئۆکیانووسا ئانتارکتیکا

Océano Antártico

ئۆکیانووسا ئارکتیک

Océano Ártico

جەمسەرا باکوور

polo norte

جمسمعرا باشوور

polo sur

نانتاركتيكا

Antártida

نئردن

Tierra

ناخ

tierra

بههر

mar

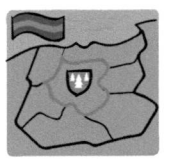

دوورگه

isla

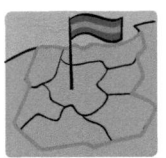

ملأهت

nación

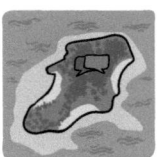

وملات

estado

تەماش يوويور

esfera

رنعيم‌ژمه‌دكا ئردناش‌ن

manecilla de las horas

قەقد كاهرمدناش‌ن

minutero

سانيه كاهرمدناش‌ن

segundero

چەمنده؟ ت‌ئ‌سو؟

¿Qué hora es?

ژور

día

مدم

hora

نها

ahora

ساعتئ دجيتال

reloj digital

دقەقد

minuto

ت‌ئ‌سو

hora

دووشەم
lunes

چارشەم
miércoles

یەد/هەینی
viernes

سێشەم
martes

شەمی
sábado

پێنجشەم
jueves

یەکشەم
domingo

دوه
....
ayer

ئیرۆ
....
hoy

سبەی
....
mañana

سبە
....
mañana

نیڤرۆ
....
mediodía

ئێوار
....
tarde

رۆژێن کارێ
....
días hábiles

داویا هەفتە
....
fin de semana

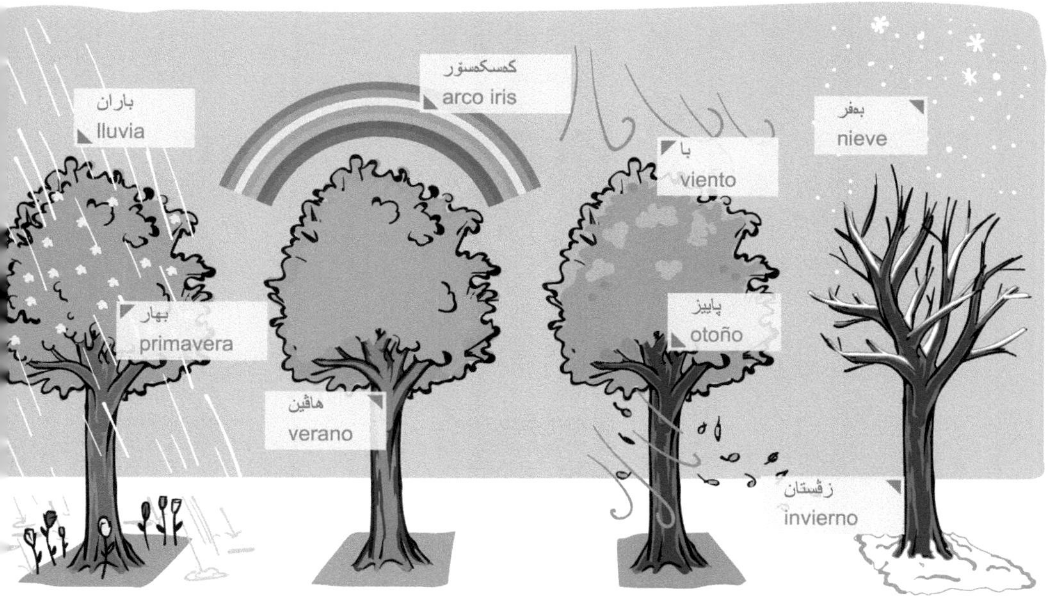

باران
lluvia
کەسکەسۆر
arco iris
با
viento
بەفر
nieve
بهار
primavera
هاڤین
verano
پاییز
otoño
زڤستان
invierno

4.APRIL 11°
5.APRIL 4°
6.APRIL 13°
7.APRIL 8°
8.APRIL 10°

پێشبینیا هەوا

ronóstico meteorológico

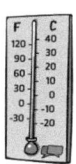

F
C
120
90
60
30
0
-30
40
30
20
10
0
-10
-20

تەمەنپیڤ

termómetro

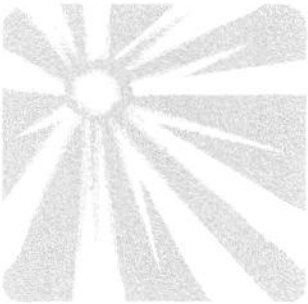

تاڤ

luz del sol

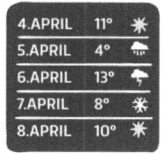

هەور

nube

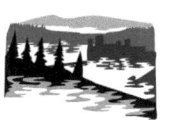

مژ

niebla

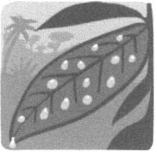

هێمی

humedad

برق
....
rayo

برووسک
....
trueno

توَفان
....
tormenta

تەرگ
....
granizo

مانسوون
....
monzón

لەهی
....
inundación

جەمەد
....
hielo

رێبەندان
....
enero

رەشەمە
....
febrero

نەورۆز
....
marzo

گوڵان
....
abril

جۆزەردان
....
mayo

پووشپەر
....
junio

گەلاوێژ
....
julio

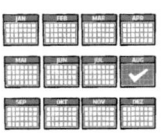

خەرمانان
....
agosto

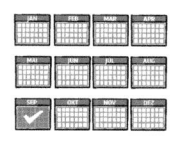

رەزبەر

septiembre

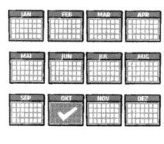

کەوچێر

octubre

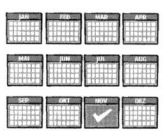

سەرماوەز

noviembre

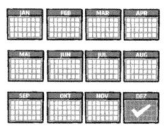

بەفرانبار

diciembre

شێوە

formas

چەمبەر

círculo

چارچک

cuadrado

چارقوزی

rectángulo

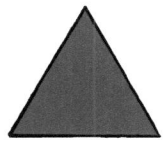

سێقوزی

triángulo

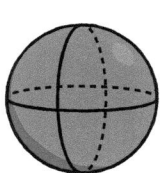

قادا

esfera

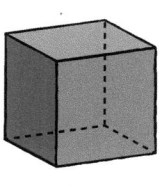

خشتەتک

cubo

colores

سپی
....
blanco

زەر
....
amarillo

پرتەقاڵی
....
naranja

پەمبە
....
rosa

سۆر
....
rojo

مۆر
....
violeta

شین
....
azul

کەسک
....
verde

قەهوەیی
....
marrón

گەور
....
gris

رەش
....
negro

زۆر / کێم

mucho / poco

ب هێرس / بێدەنگ

enojado / tranquilo

بەدەو / نەرند

lindo / feo

دەستپێک / داوی

principio / fin

مەزن / بچووک

grande / chico

رۆنی / تاری

claro / oscuro

براک / خوشک

hermano / hermana

پاگژ / گرێژ

limpio / sucio

تەڤی / نەتەمام

completo / incompleto

رۆژ / شەڤ

día / noche

مری / زندی

muerto / vivo

فرە / تەنگ

ancho / angosto

خوش / نمخوش

comestible / no comestible

نبیاش / باش

malo / amable

ب هیمجان / ناجز

entusiasmado / aburrido

قطمو / زراف

gordo / flaco

یمکمین / داوین

primero / último

همثل / دژمن

amigo / enemigo

نژی / ڤالا

lleno / vacío

رمق / نهرم

duro / blando

گران / سڤک

pesado / liviano

برچی / تینی

hambre / sed

نمخوش / ساخ

enfermo / sano

نمقانوونی / قانوونی

ilegal / legal

رموشمنبیر / بالوولھ

inteligente / estúpido

چپ / راست

izquierda / derecha

نئزی / دوور

cerca / lejos

نوو / بکارهاتی
....
nuevo / usado

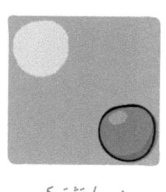

هیچ / تشتمک
....
nada / algo

کال / جوان
....
viejo / joven

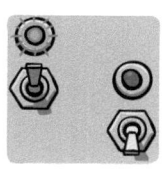

ژ / ل
....
encendido / apagado

فِمکری / گرتی
....
abierto / cerrado

نارام / دمنگیلنند
....
silencioso / ruidoso

دەولەممەند / رەبەش
....
rico / pobre

راست / شاش
....
correcto / incorrecto

در / هلوو
....
áspero / suave

خەمگین / شا
....
triste / contento

کورت / درێژ
....
corto / largo

هێدی / زوو
....
lento / rápido

شل / زوا
....
mojado / seco

گەرم / هێنک
....
caliente / frío

شەر / ئاشتی
....
guerra / paz

números

0

سفر
....
cero

1

یەک
....
uno

2

دوو
....
dos

3

سێ
....
tres

4

چار
....
cuatro

5

پێنج
....
cinco

6

شەش
....
seis

7

هەفت
....
siete

8

هەشت
....
ocho

9

نۆ
....
nueve

10

دە
....
diez

11

یازده
....
once

12

دوازده

doce

13

سیزده

trece

14

چارده

catorce

15

پازده

quince

16

شازده

dieciséis

17

هەڤدە

diecisiete

18

هەژدە

dieciocho

19

نۆزدە

diecinueve

20

بیست

veinte

100

سەد

cien

1.000

هەزار

mil

1.000.000

ملیۆن

millón

نینگلیزی

inglés

ننگلیزیا نامەریکی

inglés americano

چینی ماندارین

chino mandarín

هیٔندی

hindi

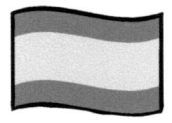

ئیسپانیۆلی

español

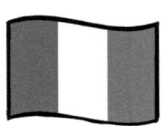

فرەنسی

francés

نەرەبی

árabe

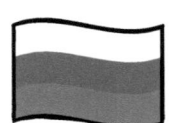

رووسی

ruso

پۆرتوگالی

portugués

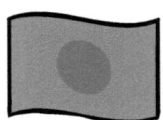

بەنگالی

bengalí

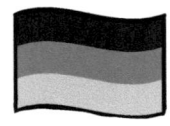

ئەلمانی

alemán

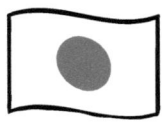

ژاپۆنی

japonés

من
....
yo

تو
....
vos

♂ ♀ ○

نموو / نمۆ / نموو
....
él / ella

ئمم
....
nosotros

تو
....
ustedes

نموو
....
ellos

کی؟
....
¿quién?

چ؟
....
¿qué?

چاوا؟
....
¿cómo?

کیدەرێ؟
....
¿dónde?

کەنگی؟
....
¿cuándo?

HELLO, I AM

ناڤ
....
nombre

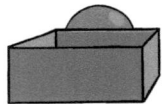

پشتی

detrás

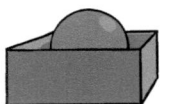

en

پێشی

adelante de

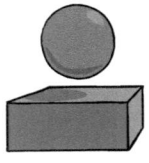

سەر

por encima de

سەر

sobre

بن

debajo de

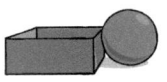

کەنلەک

al lado de

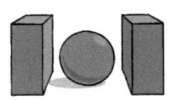

ناقیو

entre

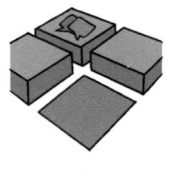

جە

lugar